비 오는
날에
그림자

이 도서의 국립중앙도서관 출판예정도서목록(CIP)은 서지정보유통지원시스템 홈페이지(http://seoji.nl.go.kr)와 국가자료공동목록시스템(http://www.nl.go.kr/kolisnet)에서 이용하실 수 있습니다. (CIP제어번호 : CIP2019012534)

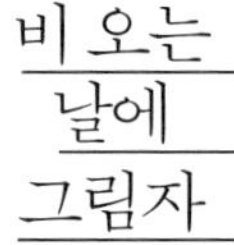

초판 1쇄 발행 2019년 4월 9일

지은이 김송연

펴낸이 임병천
펴낸곳 책나무출판사
출판신고 2004년 4월 22일(제318-00034)

주소 서울시 영등포구 신길3동 325-70 3F
전화 02-338-1228 **팩스** 0505-866-8254
홈페이지 www.booktree.info

ISBN 978-89-6339-614-9 03810

책나무출판사

목차

1부

2부

3부

시평

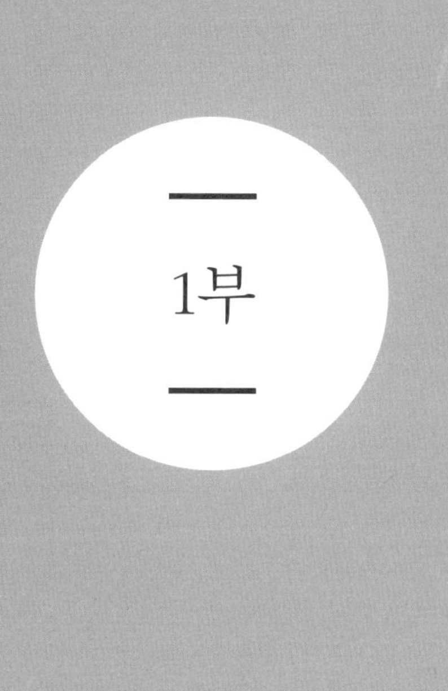

1부

삶의 메아리

지난 삶의 날들이
낙엽으로 쌓인 오솔길
자박자박 걸음마다 침묵의 노래
쓸쓸한 메아리 되어 가슴을 적신다

한 겹, 삶을 털어낸 나무들은
하늘을 우러러 무슨 얘기 나눌까
침범할 수 없는 영역으로
두 귀 쫑긋 세우니 바람 소리만 가득하다

세상의 차가움에 민감한 마음
너테처럼 얼어붙어
내 가는 삶의 그늘진 길가에는
꽃이 피지를 않아

자욱한 삶의 안개 헤쳐 나가는
쭈뼛쭈뼛 비틀거리는 발걸음이
어차피 서러운 것이라면
나 꽃잎 띄워 그 서러움 마시리라

세상의 잣대

나더러 울 줄을 모른다고
내 눈물 그리 보고 싶던가요.
가식적인 삶 웃고 있어도 울고 있네요.
침묵으로 걸어가는 길
당신이 보지 못하는 혼자만의 눈물은
언제나
붉은 눈물이네요
별들만이 알고 달만이 알아
깜깜한 가슴에 빛이 되어 주네요.
가까이 있다고 가까운 것만도 아니고
멀리 있다고 꼭 먼 것만도 아니듯
세상의 잣대로
함부로 나를 재단하지 말아요.
내 가슴엔
저 하늘에 별과 달이 있네요.

청암사에서

어제의 번뇌 고스란히 안고 가는
굼뜬 발걸음
불영산 자락 바람이 달려 나와
마음의 짐 받아들며 등을 토닥인다
아름드리 노송 아래
잠시 숨 돌리고 있노라면
제 키 높이로 쌓인 세월 이야기
솔바람 소리로 들려준다
아득바득 달려온 삶의 넋두리들
너무 많이 움켜쥐려는
부질없는 욕심이라고
발 없이도 자유로운 초목들이
너울거린다
절 마당에서 만나는
비구니의 해맑은 가벼움 속에서
나를 찾고 있는데
파르스름하니 깎은 머리가 저토록
아파 보이는 것은
사바세계의 속된 마음이런가

나를 디자인하다

어디로 가고 있는가
구절양장 세상의 길 위에서
멍하니
내가 나에게 묻고 있다

산을 오른다는 것은 내가
내 안으로 걸어 들어가는 것이다
진정한 나를 찾아서
새로이 나를 디자인하기 위해서

가파른 숨결 바람으로 불고
온갖 잡념들 새소리로 지저귄다
풀과 나무와 들꽃들의 몸짓에서
잃어버린 순수와 만난다

세상은
엄살로 살아지는 것이 아니기에
온몸으로 부딪히며
스스로를 만들어 가는 것이다

인생

복작거리는 세상
제 숨쉬기에 바빠 헐떡거리느라
녹이 슬고 실금 가는 줄 모른다

애당초 답은 없었다
세상 속으로 난해한 질문만 어지럽게
얽혀 있을 뿐

연년이 계절은 고운 빛깔로
아름다운 삶의 이정표 펄럭이는데
마음의 눈 뜨지 못했다

하얗게 서리 내리고
주름살 동아줄 되어 온몸을 죄어 온다
안타깝다 바람이 운다

설레는 아침

오래전
동산 소나무 숲에서 불던
그 바람 소리 들린다

커피포트 속 물은 금세 익어
그윽한 향기 머금은 달달한
커피 한 잔

달콤했던 그 입술 그리워
자꾸만 내 입술 핥는
설레는 이 아침

오늘도
사랑하며 살아야지
아름답게 살아야지

추억으로 가는 길

은행나무 가로수 길을
달려갑니다
백열전구처럼 환하게
음습한 삶의 고독을 밝혀주네요
앞서 달리는 자동차 꽁무니에
호르르 말리는 저 노랑 물결은
누구의 그리움인가요
사랑의 열병 다시 앓고 싶은
가을은
참 곱게도 추억을 덧칠하며
깊어 가네요

세월을 나무라다

봄은 왔는데
꽃은 아찔하게도 피었는데

요놈의 세월

나더러
어짜라꼬.

살가죽은 쭈그렁밤탱이 만들어 놓고
그것도 모자라
뼛속까지 파고들었을꼬.

내 마음 창가에서

청춘의 몸살로
밤을 지새우며 가슴 졸이던
내 마음의 봄날을
저 고운 꽃잎 위에 살포시 얹으면
옛 향기 고스란히 내게로 온다

아련한 첫정의 떨림은
호주머니 속 가시 되어 오래도록
아프게 나를 찔러대더니
내 가슴 속에서 세월에 곰삭아
눈물 나도록 고운 꽃이 되었네

대지는 한없이 부드러워
너럭바위마저 말랑말랑 한가
통통 튀어 오르는 아이들 더불어
연둣빛 잎새 수줍음 따라
그 순수의 길을 다시 걷고 싶다

어머니 자궁 속 같은

오월의 아늑한 품에 안겨
다시 나를 보고
다시 세상을 볼 수 있게
내 마음 창을 활짝 열어 놓으리

인생이라는 기차

세월이라는 레일을 따라
희로애락을 실은 인생이라는 기차는
오늘도 쉼 없이 달려간다
어제는
가파른 고난의 길을 달려왔고
오늘은
정체성을 찾아 구불구불 헤매 돌아도
내일은
평탄한 행복의 길을 달려가리라
늘 같은 속도로 달려가지만
갈수록 속도감은 빨라지는데
브레이크가 없는
그래서
결코 멈출 수 없는 기차는
외딴집 불빛 같은 마음의 언약 뒤로 한 채
어디로 어디로 달려만 가는 걸까

바람은 알고 있다

울지 마라
네 눈물 보태지 않아도
바다는 출렁인다

가는 길이 제아무리 힘들다 해도
너는 이미 길 위에 있고
그 길을 가야만 한다

방향을 잃고 어둠 속을 헤맬 때
조용히 눈 감아 바람이 되어라
바람은 가는 길을 알고 있다

그리고 웃으며 가라
웃음으로 피어나는 네 모습은
분명 꽃보다 아름답다

복더위

화씨 백 점 사도
나를 삶고 있다

헐떡거리며 지나가던
바람도
솔개그늘로 숨어들고

가마솥처럼 달구어진 대지
희뿌옇게 늘어진 하늘마저
익었는가 싶은데

고목을 버겁게 끌어안은
초록 아래 매미란 놈만
악을 쓰며 노래한다

여름은 끝 간데없고
기력을 보충이라도 하려는지
쉼 없이 내 육수 뽑아내고 있다

고요 속의 고요

늙은 배나무 그늘을 지나 급커브의
골목길을 오르면
외로운 삶을 품은 집들이 발아래로 보인다
콘크리트처럼 굳어버린 고요
구절양장 가풀막 골목길이 숨이 차다
온몸에 세월을 휘감은 허리 굽은 노인이
고요 속의 고요로부터 탈출을 시도한다
또닥또닥 적막을 깨뜨리며
어딜 가시나

어디로 가고 있나

엷어지는 잠결에
습관처럼 팔을 뻗어
리모컨으로 텔레비전을 켠다

벌써부터 세상은 깨어
저리 동동거리며
바쁘게 돌아가는데

여린 겨울 햇살 대지의 냉기를
데우며
일어나라 나를 재촉한다

어제와 별반 다르지 않은
흉측한 벌레처럼 꼬물거리는
게으른 아침

세상으로부터 자꾸만 멀어져가는
내가 낯설다

누군가 문을 두드릴까
덜컥, 겁이 난다

어디로 가고 있나

갑자기
텅 빈 머릿속으로
안개처럼 낮게 깔리는 종소리

홀로 맞는 아침

아침은
한 술 뜨는 둥 마는 둥

펑펑 눈 내리는
설레는 늦은 아침

가을이 두고 간
홍시 하나 먹는데

그 빛깔
그 달콤함은
절로 님 생각게 한다

언제쯤 오려나
무정한 사람

눈 송이송이
하얀 그리움으로 쌓이는
내 마음 허기지는 날이다

꼬끼오

고즈넉하기 그지없는
산골 마을
인기척 하나 없는데
뉘 집 마당인고
닭 너더댓 마리 어울려 노닌다
암탉들 속에 수 닭 한 마리
곧추세운 깃털 거들먹거리며
처마 끝이 들썩이도록
우렁차게 울어 재낀다
저 당당함은 어디서 오는 걸까
존재감을 외치는 수탉이
나그네는 부러워라

마음의 나이테

떠나가는 것들의
투명한 영혼의 소리는
변두리에 서성이는 눈가에
눈물을 불러낸다
바람 불면
비켜 앉아 앞서가라 하고
가는 세월
비켜서서 먼저 가라 했는데
코뚜레 꿰인 소처럼
나를 몰고 가는
세월아
바람아
죽어서야 나이를 말하는
저 나무들처럼
나 잊고 살았는데
얼룩으로 번져가는 이 눈물은
마음의 나이테이런가

물 위에 뜨는 눈물

산곡간에 갇혀 흐르지 못하는
바람결에 파르르 떨고 있는 저 물결은
하늘을 품고
주변 경치를 품어서
푸르름으로 그 속내를 말하고 있다

내 안에 나를 가두고서 살아온
시뻘겋게 피 흘리던 상처 아문 그 흔적은
두고두고 고단한 삶으로 엮이는데
이제야 지난 삶을 돌아보니
게으름에 익숙한 용기 없는 못난이
눈가에 맺히는 닭똥 같은 한 방울 눈물
질끈 눈시울을 닫는다
안으로 안으로만 향하는 삶이 부끄러워
한 방울 눈물마저
저 푸른 물결과 섞이지 못하네

비 오는 날에 그림자

세상
참,

바람에 뒹구는
빈 술병처럼

비에 젖은
길 위의 낙엽처럼

나는 괜찮은데
그림자가 슬프다.

하얀 고독

너럭바위처럼 엎드린
고독
돌아눕는 삐걱거리는 몸부림 사이로
시간은 물처럼 흘러라
검은 머리 어느새 빛바래고
뒤돌아보는 아찔한 세월의 절벽에
뱅그르르 동심원을 그리는 현기증
저기 창밖으로
나를 부르는 듯한 저 고운 손짓들
끝내 거두어들이고 나면
또 얼마나 아쉬움으로 남을는지
시간은 기다려 주지 않는데

갈대
소리 내어 우는 밤이다

하얀 밤에

눈 쌓인 밤이다
바람도
작은 언덕에 기대어 잠이 들고
유난히 달은 밝아 고요 더 깊은데
하얀 어둠 속으로
눈 내리는 소란했던 설렘의 시간들이
낯설게 멀어져 간다
고적한 가슴 따스함이 그리워
냉기 파고드는 뜨락에
겨울나무 앙상한 그림자 붙들고
한 조각 기억 속 너를 만나고 있다

바람의 정원

나 편하자고
콘크리트로 덮어 버린 마당가에
갈라진 그 틈새에
바람이 심어 놓은 이름 모를
풀꽃

한들한들 행복의 몸짓
노랑 웃음으로
연분홍 웃음으로
눅눅하고 비릿한 삶을 반긴다

삶이란
어차피 스스로 만들어 가는 것이라고
조 작고 여린 것이 풍기는
삶의 아우라가
나를 부끄럽게 한다

별이 좋아라

밤하늘에 별을 보고 있노라면
그냥 눈물이 난다
누구의 아픔이 저토록 고운
반짝이는 별이 되었을까
잠 못 들고 뒤척이는 새들의 몸부림
너의 안부를 묻는다
지나친 삶의 열정 길 위에 쓰러져
그 길을 잃어버리고
한 움큼 삶의 미련을 움켜잡기까지
긴 세월의 위로가 필요했다
머릿속을 굴러다니다 몽돌이 된
생각들 세상 물결에 쓸리고
무심코 뱉는 누군가의 말에 베이며
돌팔매 같은 누군가의 시선에
뒤통수 얻어맞으며
때로는 아픔의 무게에 중심을 잃고
비틀거렸다
그래도 살아서 아름다운 세상
백치처럼 하얗게 웃으며

촛불처럼 위태롭게 허방을 걸어도
저 하늘에 별이 있어
나는
좋아라

눈(雪)

하얗게
내 가슴에 쌓이는 여인

설렘으로
내 마음 따뜻하게 데우게 해 놓고

겨울나무처럼
칼바람과 당당히 맞설 수 있게 해 놓고

한마디 말없이 가버리는
속 깊은 여인아

그믐밤에

어둠을 응시하고 있다
보이지 않는 세상을 보고 있다

내 마음 붓끝에
먹물 같은 어둠 묻혀
나는 쓴다

더듬어 가는 이 길을
온통 허방다리인 이 길을
기꺼이
아름답게 가겠노라고

별 하나 반짝
나를 향해 윙크하는 밤

낮달

봄이라는 ㄴ

본체만체
내 코끝을 스쳐 지나갈 걸
왜?

어제는 온종일 비 내리더니
눈이 시리도록 파란
하늘

꽃이 눈물이요
초록이 서러움이라

외로운 사람 울컥
먹다가 허공으로 던져버린 빵 조각 같은
낮달로 뜬다

그리움 밖에 있는 사람아

웃고 있는 달을 보며
반짝이는 별을 보며
마음은 구름 따라 흐르고 있다
고운 사람아

파르르 떨고 있는 호수의 은물결 같은
빗살무늬 내 그리움 위로
밤도와
한 마리 백조로 내려앉아

향기로운 목소리로 '사랑한다' 말하며
맑고 고운 눈빛으로
다소곳이 고개 숙인
이슬 머금은 입술 그 입맞춤으로

메마른 내 영혼의 가지에
초록빛 생을 다오
까마아득히
내 그리움 밖에 있는 사람아

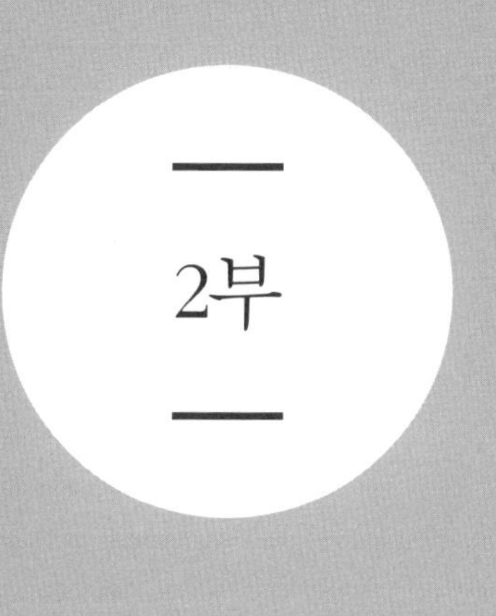

2부

자연의 질서

마지막 불꽃인 양
뜨겁고도 황홀하다
그 여운으로
한동안
살벌한 침묵을 견뎌야 하는
그것이
자연의 질서

끝없이 이어지는 시간 속으로
떠나는 그림자와
오는 숨소리
쉼 없는 저마다의 몸짓들이
왜 이리 눈물 나게 하는지
바람이
다시 봄을 안고 오기까지
숨죽인 기다림만 있을 뿐

나의 하늘아

무릎 베고 누워
빤히
올려다보는

천사의 얼굴

사랑이 가득 고인
말-간
호수 같은 눈동자

내 마음
퐁당
동심원을 그리는

아!
나의
하늘아

나는 봄의 장난감

조기 마당가
봄볕 깔고 발랑 누워
이리 뒹굴 저리 뒹굴
고양이는 봄을 갖고 노는데

파리한 몰골로 앉아 있는
담장 아래
살갑게 파고드는 봄볕
봄이 나를 갖고 논다

하,
사방 불쑥불쑥 꽃들은 피어나
또 얼마나
나를 희롱하며 갖고 놀는지

아,
나는
봄의 장난감

하루살이

살아도 살아도
알 수 없는 깊이의 수렁
내 삶의 난파선엔 작은 사랑 하나
실리지 않았다

기쁨으로 가득 채워도 시원찮을
안타까운 오늘도
각을 세우고 좌충우돌하는
슬픈 삶이여

늘 새벽이 두려운 것은
이 밤잠 속에서 다시 정제되어
내가 깨어날 수 있을지
어제보다 못한 오늘은 아닐는지

아름다움이 아름다움을 비추고
즐거움이 즐거움을 부른다
내일의 행복에 기대기보다
오늘 충분히 아름다우리라

봄 길

꽃잎 열리고
잎눈 뜨는
상큼한 설렘 속으로
아롱아롱 아지랑이 손길
두 볼 어루만지면
이해되지 않는 지난 삶을 반추하며
나는 새로이 봄 길을 간다

보일 듯이
보일 듯이
따오기 치마 소녀야
또닥또닥
봄 길 노크하며 어딜 가시나
살랑살랑 봄바람이
그대 옷깃에 매달린다

꽃의 눈물

수줍음을 살며시 들추고
꽃이 핀다 꽃이 펴

꽃잎이 열리는 이맘때면
나는 아찔해서 소름이 돋는다

저 고운 빛깔은, 머금은 향기는
어디로부터 오는 걸까

소리 내어 울지 못해
속으로 속으로만 삼킨 눈물
꽃이 되고 향기가 되었으리

씨앗

눈부신 햇살
오물오물 삼켜서

빗방울 방울방울
목마름을 달래며

살랑살랑 바람결에
발그레 볼 비비대더니

어느새 성숙한 너는
네 갈 길 가는구나

티끌 같은 존재 속에
우주를 품고서

목련 그리고 나

긴- 침묵 속
죽은 듯이
시리고 아픈 외로움
안으로 삭이고 또 삭이는
너
그리고
나

그 어떤 말이 위로가 될까

바람 냄새 다르다 했지
울컥울컥 쏟아내는 눈부시게 서러운
순백의 고백들이
허공으로 날아올라
하느작하느작
내 마음의 경계를 허물고 있다

매화꽃 핀다

아직은 차가운데

안으로 치밀어 오르는 열정
얼마나 뜨거웠으면
물집 잡히듯 톡톡 불거져

하얀 마음
빨간 마음
겁 없이 터트리는가.

아!
3월의 숨소리에
내 마음 뜨거워진다.

저기 숲에는

연둣빛 여린 잎새
제비 새끼처럼 입 벌리는가 했더니
어느새
오월의 바람과 옹알이 하고 있다
조 앙증맞은 것들
눈부신 햇살의 품에 안겨서
바람이 어르는 대로
꼼지락대는 투명한 몸짓
깔깔대는 웃음소리 온 숲을 흔든다
방금
숲을 빠져나온 바람이
상큼하게 내 곁을 스쳐 간다

저기 숲에는
싱그러운 생의 숨결로
초록 웃음 속에 나무들이 자란다

오미자

그녀의 혀는 다섯 개다

동글동글 알알이 말린 다섯 개의 혀
참 붉기도 하다

그녀는 말을 하지 못한다
말린 그녀의 혀를 풀어내기 위해
달콤한 설탕에 재워 숙성시키면
내 혀끝을 희롱하는 오묘한 언어들
그 성숙의 말을 듣는다

세상이란
달고 쓰고 맵고 시리고 짜다고
그 조화로움으로
아름답게 건강한 삶을 살라 한다

풍경 속 풍경

봄볕이 살갑게 나를 불러
길가에 나앉았는데
어미 닭 뒤를 종종거리는
노랑 병아리 떼 같이
손에 손 잡고 봄나들이 가는
스무 남은 명쯤 아이들
고 재잘거림 또르르 구슬 되어
봄 길 위로 구른다
달보드레한 향기 속으로
앙증맞은 발자국 따라가다 보면
텃밭을 일구는 낯익은 여인 곁에
흙장난하며 혼자 놀고 있는
조그만 아이 하나 보인다

모꼬지

울퉁불퉁했던 젊음은
어느 세월에 깎이고 닳았는가
갈대처럼 흰머리 날리는
정다운 친구야

또바기, 도치기, 얼치기
대갈마치, 막막조. 윷진아비
서로의 삶은 조금씩 다른 듯해도
하나로 어우러지는 아름다운 이 밤
마냥 사랑이 좋다는
식이는 지금도 바람 타고 다닌다지
능갈치기 원과
너울가지 수의 진한 농담에
별빛처럼 반짝이는 웃음소리
데데하고 투미한 내 가슴에도
아기별이 뜬다

아쉬운 이별 속에
차창 밖으로 따라오는

불콰하게 술 취한 저 달이

꿈인 듯 그 시절 비추고 있다

단풍

바람의 혓바닥이 핥은 자리
닿으면 묻어날까
옷깃을 여미는데

상큼한 들숨 따라
내 가슴 속으로 톡 튀어
곱게 번져가는 단풍잎 마음

살아가는 일로
까칠하게 야윈 마음
반지르르 윤기가 흐르고

임을 향한
이슬 맺힌 내 그리움도
가을빛에 익어간다

꽃다발

너도 꽃
나도 꽃

날 세운 가시에 걸터앉아
별로 뜨는 안개꽃
붉은 꽃잎에 점점이
하얀 별을 수놓는 장미꽃

함께 해서
서로가 서로를 돋보이게 하는

나는 너를
너는 나를
말없이 사랑으로 보듬어 안는
저 상생의 향기로움이여

사랑!
이 얼마나 아름다운가

그리움 꽃보다 붉다

노랑나비 흰나비야
너의 가녀린 날갯짓에
고 작은 바람결에
봄 향기 천지에 진동한다

양지쪽 토담 아래
눅눅한 세월을 말리시던
어머니
촉촉이 눈가가 젖곤 하셨지

봄날이 서럽다고
혹독한 삶이 지긋지긋하다고
눈물짓던 주름진 그 모습이
아지랑이 속에 아른거린다

벌써 십 년 하고도 오 년
해가 갈수록 봄 향기 짙어만 가는데
그리움,
꽃보다 붉다

내 마음의 자드락길

먼 산
단풍 드는 소리에
어리마리한 날이 몇 날인고

그리움은
뒤란 늙은 감나무가 떨구는
홍시처럼 처절한데

하늘은 푸르고
소슬바람 계절을 재촉하니
덩달아 마음만 바쁘구나

색색의 웃음소리 잦아들고
저만치 가는 앙상한 계절의 뒤로
쓸쓸함만 자욱하다

장미의 몸살

당신은
울안에 갇힌
장미

바깥세상 얼마나 궁금했으면
휘움한 목 뺀 마음
저토록 붉은가

사부랑삽작 울 넘을 수 없어
그저 무심히 오가는
수많은 이들의 눈길에서
세상을 읽는다
오늘보다 나은 내일을 꿈꾸며
외로움과 고독 슬픔을 녹여 만든
당신의 향기는
아름다운 세상을 말하고 있다

오월,
당신의 몸살은

가이아의 푸른 가슴 위에서
함께 뒹굴고픈
가슴으로 흐느끼는 메아리다

너도 꽃 나도 꽃

창밖엔
앙상한 나무들이 비명 같은
몸짓으로 춤을 추고

너와 나 마주 앉아 마시는
한 잔 술은
발그레 꽃이 된다

너도 꽃
나도 꽃

이 얼마나 좋으냐
우리 가는 이 길이 비록
험난하고 고달플지라도
사철 향기로운 꽃으로 피었다가
바람 따라가세나

아카시아 꽃

초록 옷고름 풀어헤쳐
하얀 젖가슴 고이 내어주는
오월의 여인아

그 모습
울 엄마를 꼭 빼닮아
지그시 눈 감아 그리워하네

젖 물고 만지작거리며
무한의 그 사랑에 잠들던
순수의 시절로 나 돌아가고파

삶의 껍데기 훌훌 벗어 던지고
내 마음 하얀 나비 되어
그대 품에 안기네

나를 섬이게 하는 바다에게

당신은
나를 외로운 섬이게 하는
바다

갯바위처럼 기슭에 앉아
오늘도
그 바다 그리워하네

가만히 별 하나 가슴에 품는 밤
콩닥콩닥 뛰는 또 하나의
뜨거운 심장

모두가 잠든 저 너머로
눈부시게 푸른 새벽이 오기까지
설렘으로 채워가는 이 그리움은

황량한
내 마음의 사막을 적시는
오아시스라네

세상 모든 것들이
다 사라져 간다 해도 나는 남아
당신을 기다릴 거네

동백꽃

저린 가슴
돌아앉은 긴 기다림으로
맨발로 건너온 겨울 강
아픔은 성숙한 사랑이 되었나

고독이 잉태한
더는 참을 수 없는 그리움
부끄러움도 잊은 채
달거리처럼 뜨겁게 쏟아낸다

하,
저만치
게으름 피우던 봄이란 놈
헐레벌떡 달려온다

바람 따라간다 하네

마당에 뒹구는 저 낙엽들을
치우지 마라

창을 통해 봄부터 눈 맞추며 살아온
그 푸르른 잎들이
바람 따라 먼 길 간다고
인사차 나를 찾은 것이니

발그림자 하나 없는 이
적막 누옥(陋屋)에
이 얼마나 고마운 일이더냐

고추잠자리

하늘은 파랬다가 검었다가
메아리 없는
저마다 존재의 아우성

얼굴은 붉으락푸르락
안으로 터뜨리는 주름진 울음
그 서러운 고단함으로

내가 갖고 있기에 불편한 쓸개는
참새 한 마리 쫓지 못하는
저 허수아비한테 맡겼다

덜컹거리는 삶 속에서도
온몸으로 생의 향기 피워내는
세상은 가난한 자의 것

비탈길 돌아서 오르막 넘어
바람을 안고 내려가는 길
흐르는 눈물은 왜 이리 뜨거운고

물은 낮은 곳에서 하늘로 흐르고
허공에 삶의 궤적 그리는 고추잠자리
석양은 붉다

꽃에 대한 사유

수줍은 듯이 미안한 듯이
저만치
몰래 숨어 피어나는 꽃이여
들키지나 말지
순수의 아름다움을 보지 못하는
눈먼 마음은
애꿎은 너한테 안다미씌운다

삶의 등짐이 무거워서
굴절의 창을 깨기 위해서
내 나약함 속에
더 이상 신을 만들진 않겠다
허무 앞에 진실된 체념은
한계의 벽을 극복하기 위한
내가 나를 받아들이는 것이다

바람이 분다
가녀린 삶의 흔들림 속에서도
항상 웃을 수 있는 너

그 삶의 향기 이리도 곱구나

지혜로운 너의 삶 속에

내 삶이 숨어 있을 것 같아

그 내면의 세계를 사유 중이다

나만의 향기

내 안에도
나만의 향기가 있을까

슬픔을 꽃피워
오월의 초록 더욱 짙게 하는
아카시아 향기 같은

젊은 날의 꿈들은
끊임없이 바다 되어 출렁이는데
끝내 꽃피우지 못하고
핏빛 상처만 남았다

비워야 한다기에
그래야 행복해질 수 있다기에
버선목 뒤집듯이
마음 털어 비웠건만
속없는 놈이라는 비아냥거림
나를 다잡는다

희망을 날갯짓하는 노랑나비야
내 아픈 상처에서 향기가 나면
너만은 아칫아칫 날 찾아오겠지

자연의 품속에서

붉은 혓바닥이
깃발처럼 펄럭이는 세상

진실과 명예는 어디로 가고
거짓과 욕심만이 활개를 치는가

높고 낮은
저 산을 보아라

제 높이만큼 당당하고
당당한 만큼 아름답지 않느냐

기껏해야 너나 나나
한낱 티끌에 불과한 것을

초록이 익어가는 밤
잠을 설쳐도 나는 좋아라

초록이 서툴다

빠끔히 창을 열고 내다보는
자욱한 안개 속
봄비는
새색시 수줍은 몸짓으로 내리고
앞집 용마루와 나란히
내 집 앞마당은 우줄한데
하얀 굴뚝 연기 낮게 깔리는
헛헛한 마음 허기지는 저녁
저것이 삶이려니
저것이 행복이려니
살짝이 앞집 삶을 엿보는
진작에 봄은 왔는데
초록이 서툴다

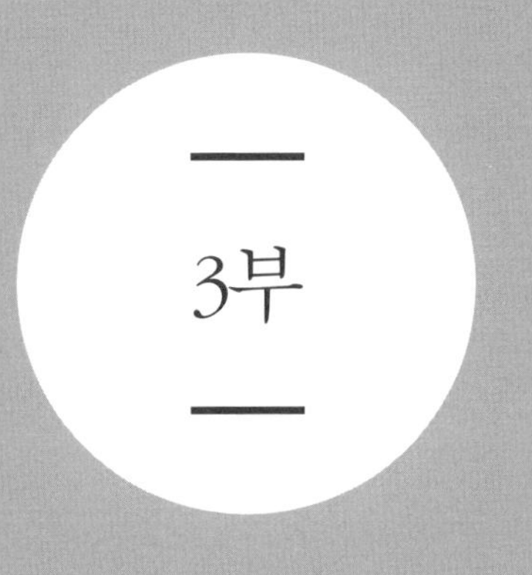

3부

나른한 고요

토담 아래
봄볕 함께 앉아 있다
한낮의 졸음 몽롱함으로 깜박일 제

허공을 가르며 포르르 날아가는
이름 모를 새 한 마리
파란 하늘 자유가 눈부시다

향기로운 비단 폭에 감싸인 듯
포근하고 나른한 고요 속에서
엄마 품에 젖 물고 잠든 아기처럼

나,
다시 시작하고 싶다

엄마의 새벽

발그레한 달콤한 잠의 물결
털어내시고
꽁꽁 동여맨 천상의 얼굴로
상큼한 새벽을 여는 당신

꿈조차 꿀 수 없는 고단함 속에
간밤
좋은 꿈이라도 꾸셨나요
밖은 여전히 차가운데

쓸쓸한 이 거리를
하얀 입김으로 녹이며
마음을 다잡으며
숨 가쁘게 달려가는 당신

사철지지 않는 꽃으로
세상에서 제일 아름답고 거룩한
향기로운 당신의 수고로움은
태양보다 뜨거운 핏빛 사랑입니다

외줄 타기

바람은 불고
길은 출렁이는데

너도
나도

위태롭게 흔들리며 가는
외로운 나그네

쑥버무리

입춘 지나 내린 눈이
산과 들을 하얗게 뒤덮었다
멀리 바라보는 풍경은
마치
울 엄마 그리 좋아하시던
쑥버무리 같다
살랑살랑 봄의 엉덩이 들이밀면
향기 가득 머금고 쑥쑥 자라나는
쑥을 뜯어다가
멥쌀가루와 버무려 쪄주시던
그 쑥버무리
그때는 별로였는데…
안개처럼 자욱한 봄의 재잘거림
모두가 함께했던 그 시절이 그립다

엄마 계신 앞산 자락에도 몽글몽글
쑥버무리가 꽃피었다
울 엄마 참 좋아하시겠다

빨래

병실 창으로 내려다보는
평화롭기 그지없는 나지막한 집들
그 어느 집 옥상에
팽팽한 빨랫줄의 긴장감에 기대어
마디마디 관절을 늘어뜨리고
서럽게 울고 있는 너
따사로운 봄볕에
살갑게 토닥이며 위로하는 바람결에
어느 틈에
웃음을 펄럭거리며 춤추고 있구나
무겁게 짓누르는 육신의
아프고 슬픈 시간들을 깨끗이 빨아서
너처럼
병실 침대에 널려 있는 사람들
햇살 같은
바람 같은 하얀 사랑의 손길 있어
뽀송뽀송
눅눅한 아픔 말리고 있다

상추쌈에 소주 한잔

돼지 목살 몇 점 구워서
싱그러움으로 몸살 하는 은근 초 한 잎에
마늘 하나 얹고
잘 익은 부추김치 조금 올리고
묵은지 한 조각에
쌈장 약간 곁들여서
한입 가득 밀어 넣으면
홀로 마시는 한 잔 술도 천하제일이라
꽃들도 잠이 들고
고요하기 이를 데 없는데
돼지 목살 뻗치는 힘인가
은근 초 은근한 유혹인가
뜬금없이 달아오르는 작은 몸부림

아!
봄밤은
나를 고문하고 있다

안부

이마가
땅바닥을 스칠 듯이
가풀막 길을 오르는 할머니

뒷동산에
남새밭이 궁금해서
햇살 퍼지기 전에 얼른
다녀오마고

곰지락곰지락
초록 속으로 멀어져가는 발걸음
우주의 중심을 떠받치는
지팡이가 동행을 한다

이가지 저 가지로
폴짝폴짝 뛰어다니며 까딱대는
새들의 안부가 정겹다

변방의 객

오늘의 주인으로
당당하게 살아가지 못하고
길 잃은 개처럼
정처 없이 헤매 도는 마음
뜻대로 마음먹은 대로
되지 않는 게 우리네 인간사
나의 명랑은
우울의 깊은 늪 속으로
시나브로 가라앉고 있다
세상 아름답지 않은 것이 어디
있겠는가마는
그 아름다움을 보지 못하는
영혼의 초라함으로
오늘도 나는
변방의 객으로 떠돌고 있다

밤은 깊은데
내게 무엇을 말함인고
어둠을 두드리는 저 빗소리는

세월을 속이다

밀가루를 뒤집어쓴 듯 지저분한
머리카락을 어찌해 볼까 하고
난생처음 미장원을 찾는다
쭈뼛거리는 어색한 마음 꼴깍,
마른 침만 삼키는데
주인 여자의 날렵한 손놀림으로
섬뜩한 가위 소리 지나가고
끈끈한 액체를 이리 개고 저리 개어
하얀 머릿결에 바른다
나의 참모습을 어디다 숨기고 있을까
나는 지금 세월을 속이고 있다
지그시 눈을 감고 한 30분
초조한 기다림의 시간이 지나고
거울 속에 비친 낯선 이 남자
머지않아 하얗게 들통이 나고 말
거짓 속에서 빙긋이 웃고 있다
그 세월을 속인다고
그 세월이 속을까마는
한동안 청춘을 살겠다

내 마음 절간에

고즈넉한 마을이
안개 속에 갇힌 새끼낮에
처마 끝에 는개는 눈물처럼
맺히고
거지중천 두드리는
먼 산 뻐꾸기 울음소리
내 마음 절간에
목탁 소리로 들려온다
외로운 삶의 중얼거림이
염불 되어
내 마음 달랠 적에

꺼병이 종종종 제소리 물고
초록 속으로 숨는다

가로등 슬픈 밤이다

좁은 골목길
스멀스멀 어둠이 차오르고
다소곳이 고개 숙인 가로등
희미하게 눈을 뜬다
밤이 깊어 갈수록
익숙한 길이 낯설어지는 것은
살아가는 일이 불안하기 때문이다
사람 사는 동네 담은 높아만 가고
돌아드는 골목길
저 너머의 어둠 속에서
흔들리며 서 있는 검은 그림자
끝내 누군가의 눈물을 파먹고 마는
슬픈 존재가 되고
안타까운 듯 눈을 치켜뜨는 가로등
단순히 골목길만 비추는 것이 아니라
나그네의 고단한 마음
내일의 희망을 비추는 것을
뉘 집인고 문 닫는 소리 유난히도 커
가로등

외로이 슬픈 밤이다

연리지(連理枝) 되어

새로운 창조를 위하여
꽃처럼 피어나는 뜨거운 심장
눈부신 햇살 속으로
둘이서 하나 되는 아름다운 완성

먼 길 돌아왔기에
더없이 고귀하고 소중한 사랑
같은 생각 같은 느낌으로
알록달록 예쁘게 삶을 채색해 가며

서로가 서로에게
어느 때 기대어도 편안한
참 좋은 당신으로 마주 잡은 손
불영산 연리지 되어

S라인 고운 능선
계절 따라 옷을 갈아입고 덩실덩실
춤을 추는
영원히 변치 않는 사랑으로

친구여, 행복하여라

상고대

혹독한 시련 속에서도
하얗게
꿈꾸는 나무야

칼바람도 무색하게
눈이 부시도록 아름다운
꿈속 이야기

나는 본다
찬란한 너의 봄을

소녀의 보조개

발그레
불거지는 수줍음

방그레
미소 짓는 설렘

달보드레
실바람에 묻어나는 향기

아뿔싸!

봄은
열여덟 소녀의 보조개다

삼성암에서

오를수록
길은 자꾸만 일어서고
내가 무거워
내가 헐떡거린다
가지런히 쌓아 올린 석축은
누구의 공덕인가
바람 앞에
나는 아무것도 아닌 것을
가만히 뒤돌아보니
허공중에 동동거리는 발걸음이
눈물겹다
빈손
가벼워야 할 마음은 왜 이리 무거운지
길은 끝이 보이는데
내 갈 길은 아직도 멀다

비렁뱅이

혹독한 눈보라 속에서도
저 산 나무들처럼
나는 기다림의 무게만큼
당당할 수 있었다
고양이처럼 사부작사부작 저기
봄이 왔다고
틈새로 부는 바람이 일러주었다
앙상한 가지마다
수줍게 꽃들이 피어나고
초록은 눈을 뜨는데
삶도
사랑도 구걸하는
멍하니 아무것도 할 수 없는
향기로운 이 봄이
하도 기막혀
나무 뒤에 숨어 내가 운다

멍청한 세상

밤은 이슥한데
길 잃은 나그네 한 잔 술은
눈물이 된다

희미한 가로등 불빛 아래
파닥이는 날벌레의 몸부림
눈 한번 깜빡이지 않는
가로등

조용히 눈을 감아
자우룩한 어둠 되어
가로등 불빛과 대치하는 밤

먹물처럼 번져가는
깜깜한 얼룩 아는지 모르는지
여전히 화려함에 도취 된
멍청한 세상

눈물로 마음의 창 닦으며

세상의 얼룩 지우며
내 가는 길이 나의 길인 것을
멍청한 세상 탓해서 뭣하랴

내 마음의 사헬 지대

꽃을 보듯이
그 내면의 아름다움으로
세상을 품으리라

배금주의와 문명의 이기심 속에
사람과 사람 사이
모래바람 일고
각박한 삶의 서글픔에 젖어드는
내 마음의 사헬 지대에
꽃을 가꾸듯이
포기 포기 사랑을 심으리라

내가 잃어버린
사람 냄새가 그립지 않느냐

509호실에서

집 창밖 저 멀리
하얗게 눈을 뒤집어쓰고 꿈꾸고 있을
그 큰 산을 닮고 싶었다

내가 나이를 먹었는지
세월이 꾸역꾸역 억지로 밀어 넣었는지
어느새 몽근짐이 되었구나

방랑의 길거리는 차갑고
세상은 꿈틀거리며 몸부림치는데
내가 너무 작다

이제는 돌아가야지
아픔을 털어내고 몸으로 부딪히는
삶이 숨 쉬는 내 작은 집으로

마음에 때는 군불

하얀 입김처럼 뿜어내는
굴뚝 연기

또바기 그 친구가 왔나 보다

고향 떠나 30여 년
화공 약품 냄새 진동하는 작업장
주야 3교대 고된 나날 속에
이제는 심신이 지쳤다고
고향 골짜기 훑어가는 바람이
그리 좋다고
외로이 기울어져 가는 옛집을
구석구석 손보더니
시간 날 때마다 찾아오곤 한다

그리웠던 옛 시절을 반추하며
한 짐,
삶의 등짐 부려놓고
번뇌의 가지 삭정이로 얹고

군불을 땐다

구들방보다 따뜻하게 마음을 데우고 있다

생각이 시린 날에

앞다투어 잎새들이
저마다의
한 올 가을빛을 물고 떨어진다

머지않아
앙상한 빈 가지 끝엔
찬바람만 매달릴 테지

이렇게
생각이 시린 날에

별반 다르지 않을
심해의 가자미처럼 엎드린
어떤 침묵을 생각한다

움막 같은 작은 방안에
거대한 고독을 끌어안고 웅크린
그 몸부림을 생각한다

꽃향기도 사라지고
마른 풀 내음의 위로가 더 슬픈
긴 기다림을 생각한다

빗방울 내 마음

비가 온다.

바람이 분다.

계절은 또 깊어간다.

그러구러 언
7년

당신 마음의 창가에 매달린
내 마음인 양
유리창에 방울방울 맺힌
저 빗방울이
왜 이토록
나를 아프고 시리게 하는지

비는 오는데
바람은 부는데
계절은 또 깊어 가는데

애인

그대
예쁜 입술 자국 따라
봉선화 피었네.

그대 손톱보다
더 붉은
내 마음 꽃물 들었네.

만남은 짧고 이별은 길어
사랑에 깨물린 자리
덧나도 좋으련만

오늘도
나
그대 그리워하네.

빨래집게

마당을 가로지르는
아래채 기둥과 헛간 서까래 사이
팽팽하게 흐르는 긴장감
축 늘어져 누군가 울고 있다

뜨거운 태양 아래
슬픔을 물고
두 다리 하늘 향해 뻗치고서
그 눈물 마르기를 기다리는
빨래집게

눈물 속에 비치는
거꾸로 봐야 바로 보이는 세상
너는 알고 있었더냐
숨죽여 숨어 있던 바람 불어와
뽀송뽀송 삶의 길 터 준다

어차피 밑바닥 삶을 살아도
그 바닥 다 몰라

나도 가끔

너처럼 세상을 거꾸로 본다

숙취

짜장,
이제는 끊겠다고
어제그저께 아니 그끄저께 나한테 내가
다짐했는데
친구가 좋아 계절 빛이 좋아 그 분위기의 유혹에
넘어가고 말았다
기분 좋게 마셨는데
밤새 풀어내지 못하고 뒤틀리는 숙취는
나를 눕혀 놓고 못살게 군다
이런 날엔
웃기게도 있지도 않은 마누라가 빨간 고춧가루
풀어 얼큰하게 끓인 콩나물국이 생각난다
따뜻하고 사랑스럽고 아름답기까지 할 것 같은
누군가의 잔소리가 그립다
잔뜩 찌푸린 얼굴로 투명한 시간을 갉아먹는
오늘이 뿌옇게 바람에 흔들린다

그대 떠난다 해도

마냥
좋기만 하던

내 가슴 깊은 곳에
음각화로 새겨진
당신

말없이
떠난다 해도

외딴집 불 밝혀
나는 하냥 기다릴 거네.

겨울, 그 바람 앞에서

매몰차게 한줄기 바람 지나가고
또 바람 분다.
훌훌 벗고 맨몸으로 맞서는 나무들처럼
그 어떤 고난도 견뎌야 한다.
더 다부지고 당당해야 한다.

빈손에 움켜쥔 한 줌 바람의 가시에
긁히고 찢겨서 피가 흐르고
얼음장 물 속 시린 손끝이
부르트고 시퍼렇게 멍이 들어도
할머니가 그랬고 내 어머니가 그랬듯이
이까짓 고난쯤이야
나 아름답게 살아 내리라.

짓무른 가슴에 삶의 얼룩들이
마냥 아프고 시린 것만은 아니지만
유일한 지우개는
내가 나를 위해 따뜻하게 웃어주는 일
비록 오늘이 고단하고 힘들지라도

움츠릴수록 작아지고 초라해진다고
바람은 갈라진 목소리로 오늘도
나를 다그친다.

바람이 분다.
탱자나무 가시 같은 바람이 분다.

바보

따뜻한 그 손길을
향기로운 그 마음을

이제야 알았네

세상 비바람에
내 몸이 꺾인 후에야

아름다워야 할 그 시절이
사라진 후에야

겨울밤에

산짐승 울음소리
허공에 고드름으로 얼어붙는 밤
칼바람만 설치는데
체온으로 데워진
내 작은 방은 그래도 따뜻해
그냥 이대로
한없이 투명해지고 싶어
내 가슴에
외로움의 무덤 파헤친다

별 헤는 밤

님 그리워
반송반송한 이 밤

우르르 바람은
누굴 찾아 몰려갈까

창으로 스며드는 시린 달빛
님이라 위로하기엔 너무 서러워

그냥
눈 감고 별만 헵니다

길 위의 나

오늘도
주섬주섬 옷을 챙겨 입고 두리번거린다
불은 껐는가 가스는 잠갔는가
일상의 얽매인 생각이 생각을 놓을 때까지
확인하고 나서야
다시 열기 위해 문을 잠그고 길을 나선다

나 걸어가는 이 길에서 잃어버린 향기 찾아
뱀처럼 구불구불 기어가는 아스팔트 시커먼
길을 50킬로그램의 무게로 힘주어 걸어가는
한 마리 나비가 되기까지
나는 아직도 깜깜하다

냉정한 시간은 초침으로 부서져 부스러기
하나 없이 사라지고 삶은 왜 이리 비릿한지
아픔은 어디에나 있는 것을, 다만
길 위의 나
세상을 향하여 따뜻하고 아름다운 사랑
반짝이고 싶을 뿐이다

사물과 시간(성)을 결합하는 존재탐색

우영규(시인 · 문학평론가)

1

우리 시대는 시적 다원성 자체가 하나의 징후이자 현상으로 나타나고 있다는 것을 부인할 수 없다. 그래서 다음 세대를 위한 새로운 시의 존재방식을 예비해야 한다는데 이견이 없을 것이다. 그것이 첨예한 미학적 집념을 동반해야 하는 것이든, 사유의 차원을 갱신해야 하는 것이든 간에 '시적인 것'에 대한 메타적 고민을 통해 이루어질 것임을 예견하지 않을 수 없다. 따라서 불가피하게 언어예술로서의 운명을 걸머진 시는 언어의 '이전' 혹은 '너머'의 것을 열망해 왔고 간간히 언어형식 자체를 거부하는 종교적 전언을 넘보기도 했으리라. 어쩔 수 없이 시의 언어는 일상 언어와 달리 극단적으로 밀어붙이고 용어법이나 서술상의 차원이 아니라 심미적이고 사유적인 차원에서 이루어지며, 그 속성을 함축과 운율의 핵심이라고 말하고 있다. 특히, 운율은 시의 의미를 강화해주고 반대로 의미는 독자들이 시의 운율을 뚜렷하게 자각하도록 만드는 특성을 지니고 있다. 결국, 운율은 등시성等時性을 가진 소리 단위의 반복 작용으로 형성되고 이와 함께 일어나는 인간의 반복적 심리작용을 포함한다. 이렇게 볼 때 이러한 운율에 대한 메타적이고 수행적인 고려와 노력이 서정이 추구해야 할 중요로운 몫이 아닐 수 없다.

그런 관점에서 보면 시의 곳곳에 흠집처럼 보이는 결어 같은 문장들이 정녕 결어가 아닌 화두라고 보면 될 것이다. 일체 소멸의 기운에 먹혀가는 존재의 종요로운 대목들은 하나같이 어떤 간원懇願을 통해 존재 속에 퇴행하는 뉘우침, 사랑, 기억 등을 불러낸다. 그리고 언어(詩)가 그 속에 내면화하는 것. 말하자면 자기에게 자기를 새겨 넣는 과정인 것이다. 외연에서 발견하고 체득한 생의 비의와 사랑의 풍물을 새기는 내연의 시간, 존재를 확인시키는 것이다. 그래서 시의 세계에서 '삶'의 여정에 대한 되새김질이나 수긍을 또한 빼놓을 수 없다. 이런 맥락에서 김송연이 풀어놓은 시를 보면,

> 나 편하자고 / 콘크리트로 덮어 버린 마당가에 / 갈라진 그 틈새에 / 바람이 심어 놓은 이름 모를 / 풀꽃 // 한들한들 행복의 몸짓 / 노랑 웃음으로 / 연분홍 웃음으로 / 눅눅하고 비릿한 삶을 반긴다 // 삶이란 / 어차피 스스로 만들어 가는 것이라고 / 조 작고 여린 것이 풍기는 / 삶의 아우라가 / 나를 부끄럽게 한다
>
> 「바람의 정원」 전문

시 「바람의 정원」에서, 철만 되면 귀찮게 올라오는 잡풀들의 횡포를 막기 위해 마당을 콘크리트로 덮어 버렸는데도 "갈라진 그 틈새에/ 바람이 심어 놓은 이름 모를/ 풀꽃(「바람의 정원」 부분)"을 바라보는 화자의 시선이 예사롭지 않다. 그 풀꽃이 마치 자신을 반기는 듯, "한들한

들 행복의 몸짓/ 노랑 웃음으로/ 연분홍 웃음으로(「바람의 정원」 부분)" 다가오는 저 모습이 "눅눅하고 비릿한 삶을" 함께 동요한다고 믿는다. "삶이란/ 어차피 스스로 만들어 가는 것이라고/ 조 작고 여린 것이 풍기는/ 삶의 아우라가/ 나를 부끄럽게 한다(「바람의 정원」 부분)"고 실토하는 것은 존재의 개입을 통해서 뉘우침과 함께 간원懇願을 통해 기억을 불러내어 언어(詩)가 그 속에 투시화 되는 것이라 할 수 있다.

> 하얀 입김처럼 뿜어내는 / 굴뚝 연기 // 또바기 그 친구가 왔나 보다 // 고향 떠나 30여 년 / 화공 약품 냄새 진동하는 작업장 / 주야 3교대 고된 나날 속에 / 이제는 심신이 지쳤다고 / 고향 골짜기 훑어가는 바람이 / 그리 좋다고 / 외로이 기울어져 가는 옛집을 / 구석구석 손보더니 / 시간 날 때마다 찾아오곤 한다 // 그리웠던 옛 시절을 반추하며 / 한 짐, / 삶의 등짐 부려놓고 / 번뇌의 가지 삭정이로 얹고 / 군불을 땐다 / 구들방보다 따뜻하게 마음을 데우고 있다
>
> 「마음에 때는 군불」 전문

결국, 우리의 기억이란 것은 어떤 특정한 시간에 대한 사실적 재현이라기보다 그것을 둘러싼 과정적 속성에 대한 상상적 유추적 구성으로 나타난다. 이럴 때 세계는 무엇보다도 이미지 외에 결코 다른 것이 아니기 때문이다. 우리는 개별자로 특정한 삶을 사는 한편, 보편자로서 일반적인 삶 일부분을 이룬다. 전자를 강조하면 개별적인 세계의 이미지가 남고 후자를 강조하면 그 이미지들의 상관관계인 의미가 남는다. 그런데 개별자로 살아가면서 보편자의 삶을 겪기 때문에 이미

지와 의미는 동시에 온다.

시「마음에 때는 군불」에서 화자의 날카로운 촉수가 '군불'로 환원된다. "하얀 입김처럼 뿜어내는/ 굴뚝 연기// 또바기 그 친구가 왔(「마음에 때는 군불」 부분)"다는 걸 금방 알아차린다. 여기서 '마음'은 내적 중심을 반영하고 다시 그것을 '군불'에게 투사시키는 양면의 속성을 견지한다. 그 '군불'을 통해 화자는 자신의 몸속에 깊이 박여있는 중심(추억)을 편재적으로 드러낸다. "고향 골짜기 훑어가는 바람이/ 그리 좋다고/ 외로이 기울어져 가는 옛집을/ 구석구석 손보더니/ 시간 날 때마다 찾아오곤(「마음에 때는 군불」 부분)" 하는 친구는 친구 이전의 시간에서 화자가 갈망하는 내적 반응이다. '군불'과 '마음', '사물'과 '언어', '주체'와 '대상'이 서로 스며들어 수태(추억)하고 낳는(기억) 관계로 확장된다. "한 짐,/ 삶의 등짐 부려놓고/ 번뇌의 가지 삭정이로 얹고/ 군불을 땐다/ 구들방보다 따뜻하게 마음을 데우고 있다(「마음에 때는 군불」 부분)" 고 실토하는 여기서 화자는 관념으로는 통어할 수 없는 주관적 시간 인식을 빌어 자신이 말하려 했던 것을 표현하고 있다.

2

아무리 종요로운 마음의 지정을 발견하고 또한 그것을 날카로운 칼날로 떼어낸다 하더라도 그것은 이내 현실의 기초 위에 오래 머물지 못한다. 잠깐의 칼질은 이러함에 그 마음으로 울어내지 않는가. 그래서 자의식이 싹튼다. 시인의 자의식은 어디에서부터 싹트는 것일까. 사회학자 롤로 메이(R. May)는 "자의식이란 자신을 마치 밖에서 보는 것처럼 보는 능력으로 인간의 성격, 태도, 정서를 인식할 수 있는 능력"이라 규정한 바 있다. 이런 맥락에서 볼 때 '나'의 지향적 삶과 현실적 삶 사이에 거리가 생기거나 분열되기 시작할 때 자의식이 가동될 것이다. 복잡한 일상에 거리를 두고 긴장을 유지하는 것이 예술의 본질이라면, 시인의 자의식은 일상과 예술 사이의 팽팽한 긴장과 길항작용으로 맞서 나가는 힘겨운 싸움의 과정에 자리하고 있는 것이리라. 어제와 오늘, 과거와 현재와 미래가 갈마든 몸에서 축적된 노래는 몸속에 농축된 현상의 노래며 숙주를 찾아가는 파동이며 여행이다. 미치도록 가려운 생의 모진 자리를 목도한 시인은 존재의 개입을 통해서 현상을 유지하고 싶지만, 그것이 고통이라는 걸 이내 알아차린다.

> 세상 / 참, // 바람에 뒹구는 / 빈 술병처럼 // 비에 젖은 / 길 위의 낙엽처럼 // 나는 괜찮은데 / 그림자가 슬프다.
>
> 「비 오는 날에 그림자」 전문

시집의 표제작인 시 「비 오는 날에 그림자」에서, 삶의 여정을 화자는 묘한 화법으로 응축한다. "세상/ 참, (「비 오는 날에 그림자」 부분)"이라는 단 한마디 뒤에 얼마나 많은 용어들이 기다리고 있을까. '어렵다', '힘들다', '더럽다', '아름답다', 등등…. 그러나 화자는 "바람에 뒹구는/ 빈 술병처럼// 비에 젖은/ 길 위의 낙엽처럼// 나는 괜찮은데/ 그림자가 슬프다.(「비 오는 날에 그림자」 부분)"라고 말한다. "나는 괜찮은데" 왜 하필 "그림자가 슬프다"라고 할까. 결국 그림자가 슬픈 것이 아니고 화자가 슬프다는 말이고 위에서 말한 바와 같이 미치도록 가려운 생의 모진 자리를 목도한 시인은 존재의 개입을 통해서 그것이 곧 삶의 슬픔이라는 걸 이내 알아차린 것이다.

표제작인 시 「비 오는 날에 그림자」에서 보여주듯 삶이란 가려운 곳을 긁고 나면 곧 그 옆자리가 또 가려워지는 이 수많은 몸의 뒤척임을 통해 수정되어가는, 그러나 이는 단순한 물리적 한계만을 말하는 것이 아니라 삶 속에 자연스럽게 스며들 줄 알게 되는 과정을 말해주는 동기부여며 의미부여다. 삶을 통째로 끌어안는 '견딤의 시학'과 '비움의 시학'이 주는 '쓸쓸한 긍정'을 자의적 명상의 언어로서 자신을 대비시키는 김송연 만의 독특한 화법이다. 이는 주체를 소거하려는 세계의 무한한 힘의 중좌를 거부하는 것이다.

> 마당을 가로지르는 / 아래채 기둥과 헛간 서까래 사이 / 팽팽하게 흐르는 긴장감 / 축 늘어져 누군가 울고 있다 // 뜨거운 태양 아래 / 슬픔을 물고 / 두 다리 하늘 향해 뻗치고서 / 그 눈물 마르기를 기다리는 / 빨래집게 // 눈물 속에 비치는 / 거꾸로 봐야 바로 보이는 세상 / 너는 알고 있었더냐 / 숨죽여 숨어 있던 바람 불어와 / 뽀송뽀송 삶의 길 터 준다 // 어차피 밑바닥 삶을 살아도 / 그 바닥 다 몰라 / 나도 가끔 / 너처럼 세상을 거꾸로 본다
>
> 「빨래집게」 전문

우리는 삶의 과정에서 수많은 몸의 뒤척임을 통해 방향을 수정해 나가지만 한계에 직면할 때가 있다. 그러나 위에서 말한바와 같이 그 한계는 단순히 물리적 한계만을 말하는 것이 아니다. 삶을 받아들이는 질척한 과정을 말해주는 것이다. 이런 관점에서 볼 때, 시란 으레 생래

적으로 부재 혹은 결핍에서 탄생하듯이 시 속의 시간도 늘 결핍과 부재를 상정하고 있다. 또한, 시에서의 시간에 대한 인식은 늘 팽팽하게 당겨져 있는 것을 볼 수 있다. 이것은 결코 단순한 집착이 아니라는 것을 말해주며 오랜 숙성과정을 거친, 시로 하여금 오히려 자신의 존재를 확인하는 것이라 할 수 있다.

시 「빨래집게」에서 화자는 마당의 느긋한 풍경을 시선에 담는다. 널어 걸린 세탁물을 바라보다가 바람에 날아가지 말라고 꽂아 놓은 빨래집게에 시선이 집중되면서 빨래집게와 화자를 치환시켜놓는다. "마당을 가로지르는/ 아래채 기둥과 헛간 서까래 사이/ 팽팽하게 흐르는 긴장감/ 축 늘어져 누군가 울고 있다 (「빨래집게」 부분)"고 한다. 화자는 빨래가 슬프다. 그러니 빨래 운다. 그러니 화자도 슬프다. 그 슬픔을 달래려고 함께 있는 "뜨거운 태양 아래/ 슬픔을 물고/ 두 다리 하늘 향해 뻗치고서/ 그 눈물 마르기를 기다리는/ 빨래집게 (「빨래집게」 부분)"도 함께 슬프다. 화자의 시선에는 세상의 아픔이 함께 비치는 것이다. 그렇다고 마냥 슬픔에 젖어 있을 수는 없어 "눈물 속에 비치는/ 거꾸로 봐야 바로 보이는 세상/ 너는 알고 있었더냐/ 숨죽여 숨어 있던 바람 불어와/ 뽀송뽀송 삶의 길 터 (「빨래집게」 부분)"주는 희망의 전언을 남겨두는 화자는 그 풍경이 자아인 것처럼 "어차피 밑바닥 삶을 살아도/ 그 바닥 다 몰라/ 나도 가끔/ 너처럼 세상을 거꾸로 본다 (「빨래집게」 부분)"라며 실토하는 것은 김송연 특유의 삶을 관조하며 풀어내는 진솔한 언어의 행진과 그 빛깔들, 섬세하고 나긋한 언어감각 등의 신선한 감성 자아내기는 한결같이 서정에 뿌리를 내리고 있다. 일정한 거리를 물러서서 인생을 바라보는 관조의 시편들이 모두 질박한

휴머니티를 거느리고 있는 것은 바로 이런 점 때문이다. 김송연의 시는 깨달음에서 얻은 감성의 무늬들에 서정의 옷을 입혀 떠올리는, 온건한 듯 뚜렷한 개성을 이루는가 하면, 각별한 미덕으로 읽히게도 한다. 더구나 그의 서정적 자아는 부드러운 감성의 언어들을 거느리고 있기 때문에 언뜻 보기에는 단조로운 느낌을 주지만, 오히려 그런 포즈가 진솔함이 돋보이는 까닭은 '시는 진실이 가장 큰 덕목'이라는 사실에 충실했기 때문일 것이다.

3

이 시대 시의 특징 중 하나는 우리가 지각할 수 있는 그 어떤 것들에 대해 시간(성)의 형식이 아니고는 온전히 파악될 수 없다는 것에 대해 줄곧 언표하고 있다. 그 과정에서 빈번하게 나타나는 형상이나 기제가 바로'기억'또는'흔적', '추억'이라든가 '반성' 등과 관련된 이미지들일 것이다. 이처럼 시인들에 있어서 서정의 원리가 시간의 축적과 그것의 응축 속에서 가능하다는 데 흔쾌히 동의하고 있으며 그 결과물로 한 결 같이 자신의 과거 시간의 마디들을 시 안에 되살리면서 그 행간에 은폐되어 있는 시간의 흔적을 재구再構하거나 간접화된 형상을 통해 상상적 완성을 꾀하고 있는 것이다.

> 은행나무 가로수 길을 / 달려갑니다 / 백열전구처럼 환하게 / 음습한 삶의 고독을 밝혀주네요 / 앞서 달리는 자동차 꽁무니에 / 호르르 말리는 저 노랑 물결은 / 누구의 그리움인가요 / 사랑의 열병 다시 앓고 싶은 / 가을은 / 참 곱게도 추억을 덧칠하

며 / 깊어 가네요

「추억으로 가는 길」 전문

시 「추억으로 가는 길」에서, 화자는 사물이나 현상에 만족하지 않는다. 더 선험적인 것을 원한다. 은행나무 가로수 길을 지나면서 그 길이 받아들이는 빛의 향연이 마치 "백열전구처럼 환하게/ 음습한 삶의 고독을 밝혀(「추억으로 가는 길」 부분)"준다며 자아를 부려놓고 "앞서 달리는 자동차 꽁무니에/ 호르르 말리는 저 노랑 물결은/ 누구의 그리움(「추억으로 가는 길」 부분)"이라고 단정 지운다. 가로수 길에서 스며드는 빛과 앞서 달리는 자동차가 데리고 가는 흙먼지를 보면서 화자는 삶의 고독을 밝히는 빛과 노랑 물결이 심화된 감정에 이입되어 그것이 곧 쉽게 지워내지 못하는 어떤 그리움을 상상해낸 것이다. '들라크루아'는 "사람의 혼에는 현실의 사물로 결코 만족시킬 수 없는 내적 감정에 새로운 형태와 생명을 줄 수 있는 것은 화가나 시인의 상상력뿐이다"라고 했다. 시공간은 모든 곳에 편재하지만, 존재의 개입을 통해서 편재의 그늘을 만드는 순환의 기울기 속에 자아를 부려놓는다. 또한, 사물에서의 새삼스러운 발견은 선험적先驗的인 예시를 가지고 온다. 그것은 경험이나 혹은 후천적인 결과를 연장하는 촉매로 작용할 때 이는 파편화된 감정이나 생각을 응축하여 하나의 사연으로 구축하게 된다.

눈 쌓인 밤이다 / 바람도 / 작은 언덕에 기대어 잠이 들고 / 유난히 달은 밝아 고요 더 깊은데 / 하얀 어둠 속으로 / 눈 내리는 소란했던 설렘의 시간들이 / 낯설게 멀어져 간다 / 고적한 가슴 따스함이 그리워 / 냉기 파고드는 뜨락에 / 겨울나무 앙상한 그림자 붙들고 / 한 조각 기억 속 너를 만나고 있다

「하얀 밤에」 전문

우리는 돌이킬 수 없는 그 어떤 순간들을 막 지나버린 순간들이 있다. 시간은 결코, 공간처럼 다시 회귀하거나 돌아가 볼 수 없이, 아니 어떻게 해볼 수 없이 그렇게 흘러가버린다. 추억이나 상흔처럼 때로는 부드럽게 때로는 광폭하게 흐른다. 그런데 이렇게 흘러가는 시간 속에 어느 한순간 번쩍 빛나는 찰나들이 있다. 그 시간들은 실제 시간보다 한층 더 짧게 느껴질 때도 있지만, 실제 시간보다 훨씬 길게 느껴지는 시간도 있다. 시 「하얀 밤에」에서, "눈 쌓인 밤이다/ 바람도/ 작은 언덕에 기대어 잠이 들고/ 유난히 달은 밝아 고요 더 깊은데/ 하얀 어둠 속으로/ 눈 내리는 소란했던 설렘의 시간들이/ 낯설게 멀어져 간다(「하얀 밤에」 부분)"는 진술은 시간(성)에게 부여되는 그리움의 비유라 할 수 있겠다. "고적한 가슴 따스함이 그리워/ 냉기 파고드는 뜨락에/ 겨울나무 앙상한 그림자 붙들고/ 한 조각 기억 속 너를 만나고 있(「하얀 밤에」 부분)"는 상황은 쉽게 그리움을 지우지 못해 뜨겁게 달구는 내면이 극단적으로 표현되어 감동의 질과 폭을 심화시키는 언술이라 하겠다. 순간은 찰나지만 영원이고, 기다리는 사람과의 약속시간은 좀처럼 오지 않는 그런 이치다. 시에서 시간에 대한 인식은 늘 팽팽하게 당겨져 있다. 시란 으레 생래적으로 부재나 결핍에서 탄생하듯이 시 속의 시간도 늘 결핍과 부재를 상정하고 있다.

빠끔히 창을 열고 내다보는 / 자욱한 안개 속 / 봄비는 / 새색시
수줍은 몸짓으로 내리고 / 앞집 용마루와 나란히 / 내 집 앞마
당은 우쭐한데 // (………) // 살짝이 앞집 삶을 엿보는 / 진작에
봄은 왔는데 / 초록이 서툴다

「초록이 서툴다」 부분

이러한 시간성과 함께 이끌어 내는 서정에는 사물의 모든 것이 시의 대상이 아닐 수 없었다. 또한, 서정시는 시간에 대한 경험과 그로 인한 기억의 재구성이라는 양식적 특성을 배타적으로 지니고 있다. 그만큼 기억의 양상을 다양하게 다루고 삶의 원초적 경험에 대한 상상적 복원을 수행한다. 물론 삶에 대한 시간적 유한자로서의 진솔한 관조와 고백이 형성되기도 한다. 이때 서정시는 감각적 충실성에 의해 사실적으로 재현된 기억이 아니라, 오랜 시간(성)에 의해 매개된, 일종의 가치들을 준별하고 통합함으로써 사물의 본질에 대한 탐구를 수행해 나가야 하며 이는 바로 서정시의 존재론적 기반이기 때문이다. 따라서 서정시가 펼치는 방식 가운데 가장 중심적인 것은 그것이 내면을 다루든 풍경을 다루든 그 속에 배어있는 시간의 흔적을 들여다보는 시인의 행위가 수반되는 점이다. 시「초록이 서툴다」에서도 잘 표현되어 있다. "빠끔히 창을 열고 내다보는/ 자욱한 안개 속/ 봄비는/ 새색시 수줍은 몸짓으로 내리고/ 앞집 용마루와 나란히/ 내 집 앞마당은 우쭐한데 (「초록이 서툴다」 부분)" 왜 아직 나는 봄이 온 걸 느끼지 못하는 걸까. 화자만의 시간(성)과 행위가 개입되는 부분이다. 봄비가 내려 "살짝이 앞집 삶을 엿보는/ 진작에 봄은 왔는데/ 초록이 서"툰 것은 시간의 흔적을 들여 보는 화자의

내면이라 할 수 있다.

> 마당에 뒹구는 저 낙엽들을 / 치우지 마라 // 창을 통해 봄부터 눈 맞추며 살아온 / 그 푸르른 잎들이 / 바람 따라 먼 길 간다고 / 인사차 나를 찾은 것이니 // 발그림자 하나 없는 이 / 적막 누옥(陋屋)에 / 이 얼마나 고마운 일이더냐
>
> 「바람 따라간다 하네」 전문

시「바람 따라간다 하네」에서는 더욱 심화된 개입을 보여주기도 한다. "마당에 뒹구는 저 낙엽들을/ 치우지 마라// 창을 통해 봄부터 눈 맞추며 살아온/ 그 푸르른 잎들이/ 바람 따라 먼 길 간다고/ 인사차 나를 찾은 것이니 (「바람 따라간다 하네」 부분)" 아무 참견도 하지 말라는 것이다. 이 또한 삶에 대한 시간적 유한자로서의 진솔한 관조와 고백이 형성되는 부분이다. "발그림자 하나 없는 이/ 적막 누옥(陋屋)에/ 이 얼마나 고마운 일이더냐 (「바람 따라간다 하네」 부분)"라고 실토하는 화자의 진술은 과거를 현재에 편재시키는 독특한 화법을 구사하고 있다.

4

시에 있어서 시간이란 등질적이고 분절된 객관적이고 물리적인 것이 아니라, 삶 속에 구체적으로 경험되고 인지되는 주관적이고 심리적인 것이다. 이때 시인의 자세는 '사물 뒤의 시간' 혹은 '사물 자체의 시간'을 바라보는 견자가 되는 것이다. 이와 같은 맥락에서 볼 때 김송연이 오랫동안 숙성시켜온 작품들의 항아리 속에서 서정의 시간

(성)에 대한 흔적들이 곳곳에 산재해 있으며, 시간(성)의 해체를 통하여 격정적이고 복합적인 자의식을 담은 시편들도 접할 수 있다. 또한, 삶에서 다루어지는 일반적인 것들의 상상적 복원과 함께 철저하게 사적私的인 것들로부터 일차적으로 담아낸 작품들에 있어서도 감명을 받기도 한다. 이는 삶에 대한 시간적 유한자有限者로서의 진솔한 관조와 고백이 고스란히 형상화되어있다고 할 것이다.

> 입춘 지나 내린 눈이 / 산과 들을 하얗게 뒤덮었다 / 멀리 바라보는 풍경은 / 마치 / 울 엄마 그리 좋아하시던 / 쑥버무리 같다 / 살랑살랑 봄의 엉덩이 들이밀면 / 향기 가득 머금고 쑥쑥 자라나는 / 쑥을 뜯어다가 / 멥쌀가루와 버무려 쪄주시던 / 그 쑥버무리 / 그때는 별로였는데… / 안개처럼 자욱한 봄의 재잘거림 / 모두가 함께했던 그 시절이 그립다 // 엄마 계신 앞산 자락에도 몽글몽글 / 쑥버무리가 꽃피었다 / 울 엄마 참 좋아하시겠다
>
> 「쑥버무리」 전문

세상에 어머니를 사랑하지 않은 자식이 어디 있으랴만, 김송연은 어머니에 대한 사랑이 각별하다. 앞산에 내린 눈을 바라보며 어머니가 좋아하시던 '쑥버무리'를 떠올린 것이다. "살랑살랑 봄의 엉덩이 들이밀면/ 향기 가득 머금고 쑥쑥 자라나는/ 쑥을 뜯어다가/ 멥쌀가루와 버무려 쪄주시던/ 그 쑥버무리(「쑥버무리」 부분)"를 기억해 내면서 이미 어머니는 그냥 어머니가 아닌 세상에 둘도 없는 나의 어머니인 걸 상기하는 말이다. "안개처럼 자욱한 봄의 재잘거림/ 모두가 함께했던 그 시절이 그립다// 엄마 계신 앞산 자락에도 몽글몽글/ 쑥버무리

가 꽃피었다/ 울 엄마 참 좋아하시겠다 (「쑥버무리」 부분)"라는 진술은 어머니에 대한 그리움이 '몽글몽글' 피어오르는 '쑥버무리 꽃'으로 환원되는 즉, '쑥버무리 꽃'이 '어머니'로 의인화되는, 이미지의 병치는 잘 익은 과일에 비유할 만하다.

> 노랑나비 흰나비야 / 너의 가녀린 날갯짓에 / 고 작은 바람결에 / 봄 향기 천지에 진동한다 // 양지쪽 토담 아래 / 눅눅한 세월을 말리시던 / 어머니 / 촉촉이 눈가가 젖곤 하셨지 // 봄날이 서럽다고 / 혹독한 삶이 지긋지긋하다고 / 눈물짓던 주름진 그 모습이 / 아지랑이 속에 아른거린다 // 벌써 십 년 하고도 오 년 / 해가 갈수록 봄 향기 짙어만 가는데 / 그리움, / 꽃보다 붉다
>
> 「그리움 꽃보다 붉다」 전문

어머니라는 존재의 삶에 대한 지독한 관철과 애심이 이 시를 생성해 냈을 것이다. (「그리움 꽃보다 붉다」 전문)에서 어머니의 삶에 대한 철저한 성찰이 있었다면 이제 어머니에 대한 그리움으로 귀결된다. "노랑나비 흰나비야/ 너의 가녀린 날갯짓에/ 고 작은 바람결에/ 봄 향기 천지에 진동한다(「그리움 꽃보다 붉다」 부분)"는 것은 (어머니, 어머니. 그 가녀린 자태에서 어머니의 향기가 진동합니다)라는 말과 같은 말이다. 김송연은 여기서 기탄없이 "양지쪽 토담 아래/ 눅눅한 세월을 말리시던/ 어머니/ 촉촉이 눈가가 젖곤 하셨(「그리움 꽃보다 붉다」 부분)"다고 실토하지 않는가. 이미 '나비'는 '어머니'인 셈이고 '바람'은 '어머니의 삶'인 것이다. "해가 갈수록 봄 향기 짙어만 가는"것은 어머니에 대한 그리움이 더해 간다는 말이다. 결국 화자는 "그리움, / 꽃보다 붉다(「그리움

꽃보다 붉다」 부분)"고 말해버린 것이다.

김송연의 시는 주체와 대상 간의 단순히 미세한 균열과 갈등을 다루기보다는 그 불화를 넘어서는 주체와 대상 간의 조화로운 소통을 지향한다. 그리하여 그의 시에 나타나는 시간성의 양상이 어떠하든지 간에 그 안에는 서정성이라는 미학적 바탕이 동시에 깔렸다고도 할 수 있다. 서정성이라는 시의 근본적 속성을 바탕에 깔면서도 그 속에 복합적이고도 다양한 현대적 징후들을 시간을 통해 녹여내고 있는 것이다. 그 양상은 여기서 크게 사물의 시간과 인간의 시간이라는 말로 요약된다.

시는 시에 녹아있는 말이 생명이다. 또한, 시가 말하고 있는 것이 그 시인이 걸어온 길이며 걸어가야 할 길이다. 그런 측면에서 보면, 시는 그 시인의 자화상이자 우리의 꿈을 아우른 그 시인의 꿈인 것이다. 그러므로 시는 시인의 자화상이면서 인간의 자화상일 것이다. 광대무변의 시간 앞에서 시공간의 기원에 다다르려는 모험을 시도하는 김송연은 사물의 시간과 인간의 시간 사이에 놓인 지정의 세계를 탐색하면서 내면 깊숙이 가라앉아 있는 존재의 경험과 시적 욕망을 전이하고 있다. 그러기에 김송연의 언어는 단순한 창작행위를 벗어나 삶을 관조하는 성숙된 의식을 바탕으로 일군 결과물이다.